GO! GO! 과학특공대 08

몸무게가 줄어드는 달

정완상 지음

BooksHill
이치사이언스

 추천의 글

　여러분은 상상이 잘 안 되겠지만 선생님은 초등학교 시절 교과서 외에 읽을 수 있는 책이 없었습니다. 한 권 있는 지도책을 등잔불 밑에서 보고 또 보며 세계 여러 나라와 도시 이름을 외우며 상상의 나래를 펼치곤 했지요. 50여 년이 지난 지금도 그때 너덜너덜해진 지도책을 생각하면 저절로 지구상의 모든 나라들이 머릿속에 그려집니다. 읍내에 있는 중학교에 들어가면서 다행히 뉴턴과 아인슈타인, 에디슨 등과 같은 인물들을 책으로 만날 수 있었고, 그때부터 저는 과학자가 되겠다는 꿈을 키웠고 대학에서 과학을 전공하고 교수가 되었습니다.
　책은 우리 미래를 밝히는 등대입니다. 선생님은 "Go! Go! 과학특공대"가 여러분을 더 넓은 세상과 더 나은 미래로 이끄는 푸른 신호등이 되리라 확신합니다. 여러분들이 학교에서 배우고 있는 내용들을 즐겁고 재미있게 느끼도록 만들었으니까요.
　위대한 과학자 뉴턴은 "나는 진리의 바닷가에서 반짝이는 조개껍질 하나를 줍고 기뻐하는 어린아이와 같다."라고 했습니다. 여러분도 "Go! Go! 과학특공대"를 읽고 뉴턴이 느꼈던 그 기쁨을 마음껏 누려보길 바랍니다.

　　　　전우수(한국초등과학교육학회 회장 · 공주교육대학교 교수)

이 책을 읽는 어린이들에게

　언제나 날 본체만체하는 우리집 야옹이를 알아가는 것, 친구와 하는 내기에서 빨리 셈하는 방법을 알아내는 것, 밤하늘의 반짝이는 별들의 이름을 찾아보는 것은 즐거운 일이지만, 생물을 공부하고, 수학을 공부하고, 과학을 공부를 하는 것은 어렵습니다. 아니, 솔직하게 말해서 공부는 어렵다기보다 하기 싫은 것이죠. 그럼 왜 공부가 하기 싫을까요? 그것은 어른들한테도 어느 정도 책임이 있답니다. 어른들은 1등, 2등밖에 모르기 때문입니다. 사실 엄마 아빠도 모두가 1, 2등을 한 것도 아니면서 말입니다.

　학교 갔다 와서 친구들과 축구를 한다거나 컴퓨터 게임을 하면 재미있죠. 맞습니다. 이 글을 쓴 선생님도 학교 갔다 오면 친구들과 동네를 휩쓸고 다니며 노는 것이 공부보다 즐거웠답니다. 그렇게 놀기만 하다 보니 공부가 점점 더 싫어지더라고요. 그러다가 된통 어머니께 꾸중을 들은 날이 있었습니다. 그날 눈물콧물 줄줄 흘리며 혼자 방 안에 앉아 있는데 '그렇게 놀기만 해서는 커서 빈털터리 건달밖에 안 돼.' 라는 어머니 말씀이 자꾸 생각나더라고요. 그래서 공부하는 데 취미를 붙여 보려고 책 읽는 연습부터 했죠. 하기 싫은 것을 억지로 한다고 해서 될 것이 아니라는 것을 알았기 때문에, 책 읽는 연습부터 한 거예요.

일을 안 하고는 생활할 수 없듯이, 여러분도 아주 조금씩이라도 공부에 관심을 가져야 합니다. 이건 경험을 통해 알게 된 것이에요. 그래서 전 어렸을 적 저처럼 아주 공부하기를 지겨워하는 학생들을 위해 이 책을 썼습니다. 이 책을 재미있게 읽다 보면 몰입하는 즐거움을 느낄 수 있습니다. 몰입이 뭐냐고요? 몰입은 한 가지 일에 푹 빠지는 것을 말합니다. 그러다 보면 바깥이 궁금하고 컴퓨터를 켜고 싶은 생각은 싹 사라지고, 궁둥이도 무거워지겠지요.

　이 책에서 여러분은 꼭 배워야 할 내용들을 생활이며, 체험이며, 놀며 즐기는 놀이로 알아갈 수 있습니다. 어떻게 그렇게 하냐고요? 이 책을 통하면 못할 것이 없습니다. 어디든 갈 수 있고 무엇이든 할 수 있죠. 이 책의 주인공들이 경험하는 일들은 모두 우리가 배워야 할 것들이고, 신기하게도 이 친구들을 따라가다 보면 지겨울 틈도, 졸릴 틈도 없답니다. 사실이냐고요? 그럼 선생님 말이 맞나 안 맞나 확인해 보면 되죠. 책장을 펼치고 기대해 보세요. 선생님이 공부를 즐겁게 할 수 있는 마법을 걸어 줄게요. 준비가 되었다면 힘차게 책장을 넘겨 봅시다.

저자 씀

차례

몸무게가 줄어드는 달

주인공 소개	8
스테이지1 루나시티로의 여행 **달의 중력**	10
암스트롱과 채팅하기	24
서프라이즈 진실 혹은 거짓	28
알쏭달쏭 내 생각	29
아하! 알았다 정답	30
스테이지2 래빗몬 **산소가 없는 달**	32
암스트롱과 채팅하기	44
서프라이즈 진실 혹은 거짓	48
알쏭달쏭 내 생각	49
아하! 알았다 정답	50

스테이지3 멈추지 않는 바이킹 **달에서의 낙하법칙** 52
    암스트롱과 채팅하기 62
    서프라이즈 진실 혹은 거짓 66
    알쏭달쏭 내 생각 67
    아하! 알았다 정답 68

스테이지4 닥터 래빗의 최후 **달의 크레이터** 70
    암스트롱과 채팅하기 84
    서프라이즈 진실 혹은 거짓 90
    알쏭달쏭 내 생각 91
    아하! 알았다 정답 92

● 주인공 소개 ●

스타팬

우주과학천재 스타팬은 12살 소년이다.
그는 다른 아이들처럼 학교에 다니지 않고 아버지가 만들어 주신 SR로 모든 공부를 할 수 있다.
SR이 뭐냐고?
SR은 Scientific Reality, 즉 번역하면 '과학현실'이라는 프로그램이다. 우리가 가상현실 게임 속에서 로켓 조종사가 되기도 하고 골프선수가 되기도 하듯 SR을 통해서 스타팬은 우주에 대한 모든 것을 여행하며 배울 수 있다.

스타팬이 오늘 배우고 싶어하는 주제는 달에 관한 것이다. 우주과학천재에게 그런 게 왜 필요하냐고? 아빠는 기본 개념에 충실해야 한다고 항상 강조하신다. 그래서 스타팬은 달에 대한 SR을 시행하기로 결심했다.
스타팬이 SR의 초기화면에서 '과학 〉 우주 〉 달 〉'을 선택하자 다음과 같은 메시지가 나타났다.

달에 대한 SR 프로그램입니다.
당신은 다음 상황을 체험하게 됩니다.
□ 위험에 처한 루나시티 구하기

루나시티로의 여행
달의 중력

달은 지구 중력의 6분의 1 크기의 **중력**을 가지고 있다.

지구에는 천진난만하고 개구쟁이인 스타팬이라는 소년이 살고 있었다. 스타팬은 다른 과목보다 유난히 천문학을 좋아했다. 천문학이 뭐냐고? 그것은 우주를 이루는 별이나 은하, 또는 태양계의 여러 행성과 달에 대해 연구하는 학문이다. 이런 사실을 안 스타팬의 부모님은 스타팬을 달로 유학 보내기로 결심했다.

스타팬은 두세 명 정도가 탈 수 있는 로켓을 타고 지구를 떠났다. 한참을 간 후 드디어 유리창 밖으로 달의 표면이 보이기 시작했다.

"소문대로 곰보투성이군!"

스타팬은 울퉁불퉁한 달의 표면을 보고 혼자 이렇게 중얼거렸다.

로켓은 지구인들이 살고 있는 루나시티로 들어갔다. 루나시티는 거대한 캡슐 모양으로 되어 있었고, 그 안에는 인공적으로 만든 공기가 있어서 사람들은 지구에서와 마찬가지로 숨을 쉴 수 있었다.

루나시티의 공항에 도착한 스타팬 앞에 자동차 한 대가 나타났다. 차가 멈춰 서자 문이 열리더니 조그만 로봇팔이

나타나 스타팬을 들어 태웠다.

"어디로 가십니까?"

저음의 목소리가 목적지를 물었다. 차에는 스타팬 외에 다른 사람이 없었으므로 스타팬은 그것이 자동차가 내는 소리임을 알았다.

"신기한 자동차군!"

"신기한 자동차군이라는 장소는 없습니다. 다른 장소를 말하세요."

자동차는 조금 전과 똑같은 크기의 목소리로 말했다.

"앗, 나의 실수!"

스타팬은 혼잣말을 하며 주머니에서 학교 이름이 적힌

쪽지를 꺼내 펼쳤다. 쪽지에는 루나초등학교라고 써 있었다.

"루나초등학교!"

스타팬이 큰 소리로 말하자 자동차는 "알았습니다."라고 대답한 후, 공중으로 떠올라 쏜살같이 날아갔다.

스타팬을 태운 자동차는 금세 루나초등학교에 도착했다. 자동차는 탈 때와 마찬가지로 로봇팔을 이용해 스타팬을 교실에 내려 주었다. 스타팬은 자동차의 완벽한 자동화에 넋을 잃고 차가 사라진 후에도 자리를 떠나지 않고 그 뒤를 바라보았다.

"야, 촌놈! 너 지구에서 왔다며? 킬킬킬."

어떤 사내아이가 그런 스타팬을 향해 손가락질하며 놀려댔다.

"마스월, 왜 그래? 새로 전학 온 애한테. 난 이곳 루나시티에서 태어난 세이문이야. 반가워. 쟤는 화성에서 전학 온 마스월이고."

예쁘장하게 생긴 세이문이 장난꾸러기 마스월을 나무라며 인사를 건넸다.

"난 스타팬. 지구에서 왔어."

스타팬도 미소를 지으며 인사했다.

"알고 있어. 학교 소식에서 봤어. 스타팬, 이쪽으로 와서 앉아."

세이문은 친절하게 스타팬을 자리로 안내했다. 스타팬은 그런 세이문을 따라가면서 이상한 것을 느꼈다. 지구에서와는 달리 걸을 때 다리가 허공을 버둥거리고 있는 기분이 들었다.

"나 왜 이러지?"

스타팬이 세이문에게 물었다.

"스타팬, 여기는 지구보다 중력이 작아서 그래. 달은 지구 중력의 6분의 1이니까, 지구에서보다 더 쉽게 높이 올라가거든. 그러니까 살살 걸으면 금방 적응할 거야."

세이문은 버둥거리는 스타팬의 손을 잡아 주었다.

"저 지구별 촌놈을 왜 도와주니?"

마스월이 세이문을 흘겨보며 말했다. 하지만 세이문은 아랑곳하지 않고 스타팬의 귀에 대고 속삭였다.

"상관하지 마. 마스월은 자기 고향 화성이 우주에서 최

고라고 생각하는 애니까."

그러고는 눈을 찡긋하며 웃었다.

세이문은 수업 시작 전 잠시 짬을 내어 스타팬에게 학교 구경을 시켜 주기로 했다. 세이문과 스타팬, 마스윌은 교실 밖 운동장으로 나갔다. 루나시티는 초강력 유리로 만들어진 실내 도시였다. 신기한 눈으로 도시 천장을 보던 스타팬은 이상한 점을 발견했다.

"지금이 몇 시지? 왜 이렇게 어두운 거야?"

"지금은 낮이야."

세이문이 대답했다.

"낮이라고? 무슨 대낮이 이렇게 어두워?"

스타팬은 이상하다는 생각이 들었다.

"저길 봐, 태양이 떠 있잖아."

세이문이 손가락으로 가리킨 곳에는 붉은 태양이 타오르고 있었다.

"정말이네. 꼭 깜깜한 밤에 태양이 떠 있는 것 같아."

스타팬은 달의 이런 광경이 낯설게 느껴졌다.

"달에는 대기가 없어. 그래서 낮에도 하늘이 어두워. 지구는 하늘이 무슨 색이니?"

한번도 지구에 가 본 적이 없는 세이문이 물었다.

"파란 하늘이야. 정말 아름다워."

스타팬은 지구의 푸른 하늘을 머릿속에 떠올렸다.

"우리 화성은 핑크빛 하늘이야."

마스윌도 끼어들어 화성의 하늘을 자랑했다.

"하늘 색은 대기를 이루는 공기 알갱이가 어떤 색깔의 빛을 반사시키는가에 따라 달라져. 지구의 공기 알갱이는 푸른빛을 반사시키기 때문에 공기에 반사된 푸른빛이 사람의 눈으로 들어가 하늘이 푸르게 보이는 걸 거야. 하지만 달에는 대기가 없으니까 빛을 반사시켜 줄 공기가 없지. 그래서 달은 낮이나 밤이나 어두운 거야."

세이문은 모든 것이 낯선 스타팬에게 친절하게 설명해 주었다.

"그럼 낮과 밤은 어떻게 구별해?"

스타팬이 물었다.

"간단해. 어두운 밤하늘에 태양이 떠 있으면 낮이고 태양이 없으면 밤이야. 그리고 또 하나, 달에서는 낮과 밤이

약 15일 정도야. 즉 한 달의 반은 낮이고 반은 밤인 거지."

세이문은 앵두 같은 입을 오물거리며 야무지게 설명했다.

"뭐야, 그럼 15일은 학교 가고 15일은 방학이고 그런 셈이잖아!"

스타팬은 달에서의 생활이 즐거운 일들만 가득할 것 같아 무척 기대되었다.

따르르릉—.

스타팬의 즐거운 상상을 깨고 수업 시작을 알리는 종이 울렸다.

"수업 시작이다. 빨리 교실로 들어가자."

세이문은 서두르며 교실 쪽으로 뛰기 시작했다. 마스월도 세이문을 따라 뛰었다. 하지만 아직 달의 중력에 적응하지 못한 스타팬은 허공을 버둥거리며 두 사람을 따라가지 못했다.

"빨리 가야 해! 천문학 시험이야!"

세이문은 스타팬이 걱정되어 뒤를 돌아보며 소리쳤다.

'이런, 오자마자 시험이라니…….'

스타팬은 이게 무슨 날벼락인가 싶었지만 한편으로는

시험과목이 천문학이라 다행이라 생각했다.

 드디어 시험이 시작되었다. 시험 문제는 초등학교 저학년 수준의 아주 쉬운 문제들이었다. 스타팬은 지구에서 가져온 볼펜을 꺼내 답을 적으려고 했다. 그런데 무슨 이유에서인지 볼펜이 잘 나오지 않았다. 필통을 뒤져 모든 펜들을 사용해 봤지만 마찬가지였다. 스타팬은 시험 시간 내내 볼펜과 씨름했고, 결국 답을 다 적지도 못했는

데 마치는 종이 울렸다.

교실 여기저기서 탄성이 들렸다. 하지만 스타팬만큼 괴로운 사람은 없었다. 스타팬은 전학 온 첫날부터 시험을 완전히 망쳐 버린 것이다.

"왜 그래, 스타팬?"

세이문이 울상이 된 스타팬에게 다가와 물었다.

"천문학 시험엔 자신 있는데 볼펜이 안 나와서 완전히 망쳐 버렸어."

스타팬은 한껏 기가 죽어 말했다.

"어머 진작 얘기해 주는 거였는데, 미안하다. 그건 지구와 달의 중력 차이 때문에 그런 거야. 달은 지구보다 중력이 작아서 지구에서 사용하는 볼펜의 잉크가 천천히 내려오거든. 그러니까 잘 써지지 않아. 그런 줄 알았으면 내 펜을 빌려 주는 건데……. 스타팬, 힘내! 다음 시험이 또 있잖아."

세이문은 스타팬을 위로했다. 그리고 기분이 울적해진 스타팬을 달래 주려고 달 생활에 적응할 때까지 자기 집에 머물라고 얘기했다.

하굣길, 스타팬은 세이문을 따라 세이문의 집으로 향했다. 집으로 가는 길에 스타팬은 조그만 공원을 발견했다. 공원 한쪽 편에는 미끄럼틀이 하나 있었다.

"잠깐! 저기 미끄럼틀이 있다. 우리 한번만 타고 가자, 응?"

스타팬은 앞서 가는 세이문을 불러 세웠다. 그리고 미끄럼틀 앞으로 갔다. 가까이서 보니 신기하게도 미끄럼틀에는 계단이 없었다.

"도대체 어떻게 올라가라는 거야……?"

미끄럼틀을 보며 고민하는 스타팬을 보고 세이문이 먼저 시범을 보였다. 세이문은 폴짝 점프를 해서 미끄럼틀 위로 올라갔다.

"스타팬, 날 따라해 봐. 여긴 지구보다 중력이 훨씬 작아서 조금만 점프해도 높이 올라갈 수 있어."

"야~ 신기하다!"

스타팬도 세이문을 따라했다. 살짝 발돋움을 하자 몸이 공중으로 붕 떠올랐다. 스타팬은 높이 점프하는 자기 자신이 너무 신기했다.

 스타팬은 내려오는 것도 재밌을 것이라 기대하며 멋진 포즈로 미끄럼틀을 탔다. 하지만 지구에서처럼 빠르게 미끄러지지 않았다.
 "이상해. 잘 미끄러지지 않아. 내가 그새 뚱뚱해졌나?"
 미적미적 간신히 미끄럼틀 중간 지점까지 내려온 스타팬이 뒤따라 미적대며 내려오는 세이문을 향해 말했다.
 "그것도 중력이 작아서 그래. 이곳에서는 내려갈 때도

천천히 내려가거든. 그래도 이게 얼마나 재밌는데."

새로운 경험이기는 했지만 스타팬은 솔직히 달의 미끄럼틀에 몹시 실망했다.

암스트롱과 채팅하기

암스 님{암스트롱}이 입장하셨습니다.
스타 님{스타팬}이 입장하셨습니다.

달이란?

암스: 달은 어려운 말로는 위성이라고 해.

스타: 인공위성 할 때 위성요?

암스: 그렇지. 인공위성은 인공적으로 만든 달이지. 하지만 지구를 빙글빙글 도는 건 같아.

스타: 달하고 별하고 뭐가 다른 거죠?

암스: 별은 '항성'이라고 하는데 스스로 빛을 내는 천체를 말해. 예를 들면 태양처럼 말이야.

스타: 지구는 별이 아닌가요?

암스: 지구는 스스로 빛을 내지 않잖아? 그러니까 별이

암스트롱(Neil Alden Armstrong, 1930~) 인류 최초로 달에 착륙한 미국의 우주비행사. 어려서부터 비행기를 좋아하여 16세 때 조종사 자격증을 땄으며, 제트기 조종사로 6·25전쟁에 참전하기도 했다. 이후 NASA에 들어가 1969년 7월 20일 아폴로 11호로 달에 착륙하여 발자국을 남겼다. 당시 그는 '이것은 한 인간에 있어서는 작은 한 걸음이지만, 인류 전체에 있어서는 위대한 약진이다.'라고 소감을 밝혔다.

아니야. 지구나 화성, 금성처럼 태양 주위를 빙글빙글 도는 천체를 '행성'이라고 하지.

스타: 그럼 달은요?

암스: 달처럼 행성 주위를 빙글빙글 도는 것을 '위성'이라고 하는데, 달은 지구의 유일한 위성이야. 행성이나 위성은 스스로 빛나는 것이 아니라 태양의 빛을 반사시켜 빛을 내는 것이란다.

문제1-1
다음 중 별은?
a) 지구   b) 목성   c) 시리우스

달의 신상 정보

스타: 달은 지구보다 얼마나 작아요?

암스: 지구나 달은 모두 동그란 공 모양이란다. 그러니까 지름만 알면 그 부피를 알 수 있지. 달은 지름이 지구의 4분의 1 정도로 작아.

스타: 달까지의 거리는요?

암스: 38만 4천 4백 킬로미터야. 지구 한 바퀴를 돌면 4만 킬로미터니까 지구를 9바퀴 반 정도 도는 거리지.

스타: 썩 먼 거리는 아니군요.

암스: 그러니까 사람들이 갔다 왔지.

> **문제1-2**
> 빛의 속력을 내는 로켓은 달까지 가는 데 얼마나 걸릴까?

달의 중력

스타: 달에서 몸무게가 달라진다는 게 사실인가요?

암스: 물론. 지구에서 몸무게는 지구가 너를 잡아당기는 중력의 크기야. 그런데 달에서의 몸무게는 달이 너를 잡아당기는 중력의 크기가 돼.

스타: 뭐가 다른 거죠?

암스: 달이 워낙 가벼워서 물체를 당기는 힘이 약해. 달의 중력은 지구 중력의 6분의 1이야. 그러니까 지구에서 몸무게의 6분의 1로 적게 나가지.

스타: 그게, 달 다이어트라는 거구나!

암스: 하지만 질량은 안 달라져. 질량은 어느 곳에서도 달라지지 않으니까 말이야.

스타: 달의 중력이 작으면 뭐가 달라지죠?

암스: 물체가 아주 천천히 떨어지고 지구에서보다 6배나 높이 뛸 수 있어. 그러니까 우리가 달에 가면 모두 덩크슛도 쏠 수 있고, 아파트 3, 4층에서는 가볍게 뛰어내릴 수 있을 거야.

문제1-3

지구에서 5미터 높이에서 떨어진 물체의 속력은 시속 36킬로미터다. 이것은 달의 몇 미터 높이에서 떨어진 물체의 속력과 같을까?

 ## 서프라이즈 진실 혹은 거짓

1 _ 달은 조금씩 지구에서 멀어지고 있다.

☐ 진실 ☐ 거짓

2 _ 반달의 밝기는 보름달 밝기의 2분의 1이다.

☐ 진실 ☐ 거짓

3 _ 달에 공기가 없는 것은 중력이 작기 때문이다.

☐ 진실 ☐ 거짓

 **알쏭달쏭 내 생각**

달에 암스트롱시티라고 하는 인공 도시가 생겼다. 다양한 문화시설이 들어서고 많은 아파트가 지어졌다.

지구에서 암스트롱시티로 이주한 이월면 씨는 암스트롱시티 외곽에 있는 아파트로 이사를 갔고, 그의 집은 아파트 2층이었다. 그런데 3층에 사는 한점프 씨가 3층 베란다에서 천천히 뛰어내리면서 2층에 사는 이월면 씨의 집을 기웃거리는 통에 사생활이 침해되었다.

이월면 씨는 지구 양식을 따른 아파트가 달 생활에는 적당하지 못하다고 주장했는데, 그렇다면 달에서의 아파트는 어떤 식으로 건설해야 할까? 여러분의 생각은?

아하! 알았다 정답

문제1-1

답은 c). 지구와 목성은 태양 주위를 도는 행성이고 밤하늘에 푸르게 빛나는 시리우스는 항성(별)이다.

문제1-2

빛은 1초에 30만 킬로미터를 달린다. 그러므로 달까지는 약 1.3초 만에 갈 수 있다.

문제1-3

달의 중력이 6분의 1 정도로 작으므로 달에서는 5미터의 6배인 30미터에서 떨어진 물체가 시속 36킬로미터로 떨어진다.

진실 혹은 거짓

1_ 진실

달은 일 년에 수 센티미터씩 지구로부터 멀어지고 있다. 아주 먼 옛날에는 그 거리가 훨씬 가까웠고 지구도 더 빨리 자전했다고 한다.

2_ 거짓
반달의 밝기를 보름달 밝기의 2분의 1이라고 많이들 생각하는데, 실제로는 보름달 밝기의 9분의 1 정도밖에 되지 않는다.

3_ 진실
지구의 공기는 지구의 중력에 붙잡혀 있는 산소와 질소 같은 기체 분자들이다. 하지만 달은 중력이 작아서 이런 기체들을 붙잡을 수 없고, 때문에 달에는 공기가 없다.

알쏭달쏭 내 생각

달에서는 3층 정도의 높이에서 쉽게 뛰어내릴 수 있고 지구에서보다 느리게 떨어진다. 그러므로 사생활 침해를 없애려면 달에서의 아파트는 한 사람이 3층씩 소유하는 방식으로 건설되어야 한다. 그리고 엘리베이터는 3층, 6층, 9층……이런 식으로 멈추게 해야 한다.

래빗몬
산소가 없는 달

달에는 **대기**가 없다.
그래서 달은 낮과 밤의 기온 차가 아주 크다.

스타팬은 세이문의 집에 도착했다.

"아빠! 지구에서 전학 온 스타팬이에요. 우리 집에서 같이 지내기로 했어요. 괜찮죠?"

세이문은 서재에 있는 아빠를 보자 애교 섞인 목소리로 아빠 볼에 뽀뽀하며 말했다. 세이문의 아빠는 루나시티의 시장이었다. 그날도 중요한 회의가 있는지 서재에는 몇몇 사람들이 심각한 얼굴로 앉아 있었다.

"그래 잘 왔구나. 간식이라도 챙겨 먹고 공부해라."

세이문의 아빠는 스타팬과 짧게 인사를 나누고 다시 서재에 모인 사람들과 대화를 했다. 세이문과 스타팬은 귀를 쫑긋 세워 대화 내용을 들었다.

"루나시티에 큰일이 일어났어요. 주인에게 버림받은 래빗몬들이 루나시티를 벗어나 루나시티 캡슐을 갉아대고 있어요. 이걸 가만 놔둔다면 우리 루나시티는 머지않아 산소 부족으로 많은 사람들이 죽게 될 거예요."

한 남자가 심각한 표정으로 말했다. 이야기를 듣는 세이문 아빠의 얼굴에도 근심이 가득했다.

세이문의 아빠는 잠시 곁눈으로 스타팬과 세이문이 아

직 서재에 있는 것을 확인하고 나가라고 손짓했다. 세이문과 스타팬은 서둘러 서재를 빠져나와 세이문의 방으로 갔다.

"세이문, 도대체 래빗몬은 뭐고, 산소 부족은 또 무슨 말이야?"

스타팬이 고개를 갸우뚱하며 물었다.

"넌 지구에서 와서 잘 모르겠지만, 우리 루나시티 사람들은 애완로봇들을 키워 왔어. 지구에서 강아지나 고양이를 애완동물로 키우듯이 말이야. 래빗몬도 그런 애완로봇 중 하나인데, 최근 래빗몬보다 좋은 다른 애완로봇이 나오면서 일부 루나시티 사람들이 래빗몬들을 마구 버리기 시작했어. 그러자 주인의 사랑을 받지 못하고 버려진 래빗몬들이 앙심을 품고 루나시티 사람들을 위협하기에 이른 거야. 내가 듣기론 래빗몬의 대장인 닥터 래빗이 다른 래빗몬들을 부추겨서 우릴 위협하는 거래. 그런데 최근에 와서 래빗몬들의 공격이 점점 심해지나 봐. 아빠의 얼굴이 잔뜩 흐려진 걸 보면 난 알 수 있거든."

자신의 아빠처럼 세이문도 래빗몬을 이야기하며 근심의 빛을 감추지 못했다.

"음, 그랬구나……. 잠깐, 그럼 이제 갓 전학 온 나도 위험하다는 얘기잖아. 안 돼!"

스타팬은 자신도 그 공격을 당할 수 있다고 생각하니 억울한 생각이 들었다.

"괜찮아. 아빠가 우리를 지켜 주실 거야."

세이문은 이렇게 말하며 자신과 스타팬을 안심시켰다.

"그래도 난 안 돼. 우리 이렇게 하자. 우리가 그 나쁜 래빗몬들을 혼내 주고 이 루나시티를 구하는 거야. 어때?"

"잠깐만, 이 사실을 아빠가 알면 혼내실 텐데. …… 그렇지만 나도 아빠를 돕고 싶어. 아빠가 활짝 웃으시는 모습을 본 지 꽤 오래됐거든."

세이문은 잠시 망설였지만 스타팬의 생각에 동의했다. 그때 방문 쪽에서 마스월의 목소리가 들려왔다.

"세이문! 스타팬! 니들은 내가 오는 줄도 모르고 무슨 얘기를 그렇게 열심히 하냐?"

마스월은 둘 사이를 질투라도 하듯 신경질적으로 말했다.

"어머, 언제 왔니? 목소리 좀 낮춰."

세이문은 달려가 마스월의 입을 막았다.

"도대체 내가 뭘 얘기했다고 입을 막는 거야."

마스월은 세이문의 손을 뿌리치고 나와 의심스런 눈길로 스타팬과 세이문을 번갈아 보았다.

"마스월도 우리 얘기를 다 들었으니까 같이 떠나야 돼.

만약 여기 두고 가면 분명 너희 아빠께 이를 거야."

스타팬이 단호하게 말했다.

"도대체 무슨 소리야?"

마스월은 어리둥절해서 세이문을 보았다.

"그냥 따라오면 돼!"

세이문은 눈을 부라리며 집게손가락을 입에 대고 마스월을 단단히 주의시켰다.

"자, 그럼 우선 밖으로 나가자."

스타팬이 먼저 자리에서 일어났다.

"잠시만. 서재 옆방으로 가면 비밀통로가 있어. 그곳을 따라가면, 한 번도 보진 못했지만 루나카라는 특수 자동차가 있다고 들었어. 우리 그걸 이용하자."

세이문은 새로운 모험에 긴장을 했는지 떨리는 목소리로 말했다.

"좋아, 그럼 한번 가 보자. 루나시티를 위하여!"

스타팬은 힘차게 주먹을 치켜들었다. 여전히 어리둥절한 마스월은 얼떨결에 두 사람을 따라나섰다.

스타팬, 세이문, 마스월은 서재 옆방으로 나 있는 비밀

통로를 따라갔다. 통로 끝에 이르자 커다란 방이 나왔고 무장차량 같아 보이는 차가 그곳에 세워져 있었다.

"저게 말로만 듣던 루나칸가 봐!"

마스월은 흥분해서 폴짝폴짝 뛰었다.

"그런 거 같아. 저걸 타고 루나시티를 빠져나가자."

세이문은 다부지게 말하고 차에 올라탔다. 스타팬과 마

스월도 세이문을 따라 루나카에 올라탔다.

　루나카는 자동 조종장치로 되어 있어서 운전자의 명령에 따라 움직이게 되어 있었다. 세 사람은 루나카에 루나시티 밖으로 나가라고 명령했다.

　눈 깜짝할 사이에 루나카는 루나시티를 빠져나왔고, 세 사람은 루나시티의 캡슐 벽을 갉아 먹고 있는 래빗몬들을 볼 수 있었다.

　"저 래빗몬들이 실성을 했나! 저렇게 갉아대다간 벽에 구멍이 나서 산소가 다 빠져나가겠네!"

　아무것도 모르고 따라나섰던 마스월이 래빗몬들을 보고 펄펄 뛰며 소리쳤다. 세이문은 마스월을 자리에 앉히고 그동안의 얘기를 차근차근 설명했다. 모든 사실을 알게 된 마스월은 정의감에 불타올라 파이팅을 외쳤다.

　루나카는 루나시티 캡슐 벽 가까운 곳에 착륙했다.

　"어, 이 버튼들은 다 뭐지?"

　스타팬은 루나카 내부 계기장치를 살피다가 이상한 버튼들을 발견했다.

　"가만, 이건 미사일 버튼 같은데……."

세이문이 버튼들 중 하나를 가리켰다.

"잘됐네! 저 래빗몬들을 혼내 주자. 여기 물이 솟아나는 그림이 그려진 건 물 미사일인가 봐. 자, 발사!"

스타팬은 망설임 없이 물 미사일 버튼을 눌렀다.

"안 돼!"

세이문이 막아 보려 했지만 물 미사일은 이미 발사되었다.

"지금 물 미사일을 쏘면 어쩌자는 거야! 지금은 밤이라 기온이 영하 173도란 말이야. 이 온도에서는 물이 금방 얼어붙어 버릴 거라고!"

마스월도 얼굴이 새파래져서 소리쳤다.

마스월의 말대로 루나카는 근처에 있던, 물을 맞은 래빗몬들과 뒤엉켜 금세 얼어붙어 버렸다.

"큰일이야. 어쩌지, 다른 래빗몬들이 몰려오고 있어!"

세이문이 차창 너머로 보이는 래빗몬 무리를 보고 불안에 떨었다.

"걱정 마! 여기 불 미사일도 있잖아. 불을 쏘면 금방 녹아서 다시 루나카가 움직일 거야."

스타팬은 다시 불 미사일 버튼을 눌렀다. 그런데 아무리

눌러도 불 미사일은 발사되지 않았다.

"야! 바보야. 여긴 지구랑 달라. 불이 붙으려면 산소가 있어야 하는데, 달에는 산소가 없잖아! 이건 루나시티 안에서만 작동되는 거라고!"

당황하여 계속 불 미사일 버튼만 눌러대는 스타팬을 보고 마스윌이 소리를 꽥 질렀다.

"안 되겠다. 여길 빠져나가는 수밖에……. 래빗몬들이 몰려오고 있어. 서둘러 루나카를 빠져나가자. 안 그러면 우린 여기에 갇히고 말 거야."

스타팬은 결단을 내리고 세이문, 마스월과 함께 달 표면으로 나가기 위해 장비들을 서둘러 챙겼다.

LOOK!

당신은 스테이지 2를
간신히 통과했습니다.
다음 아이템을 받을 수 있습니다.
☐ 필요한 물건을 두 개 만들 수 있는 마술봉

암스트롱과 채팅하기

암스 님{암스트롱}이 입장하셨습니다.
스타 님{스타팬}이 입장하셨습니다.

대기가 없는 달

암스: 이번에는 달에 공기가 없기 때문에 달라지는 것들을 얘기할까?

스타: 재밌겠당.

암스: 뭐든지 물어봐.

스타: 달에는 왜 공기가 없는 거죠?

암스: 그건 달의 중력이 작기 때문이야.

스타: 그게 무슨 말이죠?

암스: 지구는 중력이 크기 때문에 공기 알갱이들을 중력의 힘으로 붙잡을 수 있어. 그래서 지구에는

대기가 있는 거야. 하지만 달은 중력이 작아서 공기 분자들을 붙잡을 수 없기 때문에 모두 우주로 도망쳐 버린 거지. 그래서 달에는 대기가 없는 거고.

스타: 그럼 달에는 공기가 누르는 힘이 없겠네요?

암스: 물론이지. 달의 대기압은 0이야.

스타: 대기압이 없어서 달라지는 일은 뭐예요?

암스: 지구에서 비눗방울의 모양은 어떻게 되지?

스타: 동그란 공 모양이 되죠.

암스: 지구에서는 기압의 영향을 받아 계속 쪼그라드는 성질이 생겨서 작은 형태의 동그란 공 모양이 되지만, 달은 대기압이 없어서 비눗방울을 누르는 힘이 없으니까 여러 가지 모양으로 부풀

어 오르지. 물론 지구에서의 비눗방울의 크기보다 훨씬 커질 거야. 그리고 지구에서처럼 둥둥 떠다니지 않고 바닥으로 추락해 버리지.

달의 낮과 밤

스타: 달은 왜 낮에는 무지 뜨겁고 밤에는 무지 추운 거죠?

암스: 공기가 없어서 그래. 달은 낮에는 127도 정도까지 올라가고, 밤에는 영하 173도까지 내려가지. 우리 지구는 공기가 두껍게 둘러싸고 있어서 적당한 온도로 유지되는 거란다.

스타: 공기가 옷 같은 거군요.

암스: 딩동댕! 바로 그거야. 옷을 입으면 사람의 체온이 일정하게 유지될 수 있는 것과 같지.

스타: 그렇담 달은 알몸 행성?!

암스: 그런 셈이지. 그러니까 태양이 내리쬘 때는 무

지무지 뜨거워졌다가 태양이 지면 무지무지 차가워지는 거지.

스타: 달에서는 라면을 금방 끓일 수 있겠군요. 낮에 물만 밖에 놔두면 바로 끓을 테니까.

암스: 하지만 밤에는 바로 얼음이 될걸.

스타: ㅠㅠ. 밤하늘의 모습은 지구와 비슷하나요?

암스: 아니, 엄청 더 많은 별들이 보여. 우리가 산속에 들어가면 별이 더 많이 보이지?

스타: 네, 쏟아져 내릴 것처럼요.

암스: 그건 대기 오염이 없어서 그래. 달에는 공기가 없으니까 아주 먼 곳에 있는 별들까지 보이지. 그래서 훨씬 더 낭만적인 밤 풍경이 될 거야.

스타: 멋있겠다.

문제 2-1
달에서 빨대로 콜라를 먹을 수 있을까?

 ## 서프라이즈 진실 혹은 거짓

1 _ 지구에서 태양과 달은 같은 크기로 보인다.

☐ 진실 ☐ 거짓

2 _ 달이 없으면 밀물과 썰물이 안 일어난다.

☐ 진실 ☐ 거짓

3 _ 달에서는 아무 소리도 들리지 않는다.

☐ 진실 ☐ 거짓

 **알쏭달쏭 내생각**

　우유장 씨는 하루에 우유를 열 잔 이상 마실 정도로 우유광이다. 그는 우유가 완전식품이므로 우유만으로도 충분한 영양이 공급된다고 철저하게 믿고 있다.
　그러던 어느 날 우유장 씨는 한 달 동안 달로 출장을 가게 되었다. 그는 신선한 우유를 달에서도 매일 먹을 수 있게 휴대용 냉장고를 구입하여 먹을 만큼의 우유를 넣어 갔다.
　그런데 달에 도착한 우유장 씨는 냉장고가 필요 없다는 것을 알게 되었다.

우유장 씨에게 냉장고가 필요 없어진 이유는 무엇일까? 여러분의 생각은?

아하! 알았다 정답

문제 2-1

없다.

빨대는 공기의 압력차를 이용한다. 즉 빨대를 꽂고 공기를 빨아당기면 순간적으로 빨대 안이 진공이 되어 외부의 공기가 콜라의 표면을 누르게 되고, 그 힘 때문에 콜라가 빨대로 빨려 올라가게 된다. 하지만 달에는 공기가 없으므로 빨대를 이용할 수 없다.

진실 혹은 거짓

1_ 진실

태양은 달보다 400배 크다. 하지만 지구를 기준으로 태양은 달보다 400배 멀리 떨어져 있어서 놀랍게도 보름달과 태양은 같은 크기로 보인다.

2_ 진실

지구의 바다에 밀물과 썰물이 일어나는 것은 달이 바닷물을 잡아당기는 힘(달의 중력) 때문이다. 그러므로 달이 없다면 밀물과 썰물은 일어나지 않는다.

3 _ 진실
소리는 공기를 통해 전달된다. 그런데 달에는 공기가 없으므로 누군가가 말한 것이 상대방의 귀로 전달되지 않는다. 그러므로 달은 아주 조용한 곳이다.

알쏭달쏭 내 생각

달에는 공기가 없으므로 공기 중의 곰팡이나 균들이 없다. 그러므로 달에서는 음식을 그대로 두어도 상하지 않으므로 냉장고는 필요 없다.

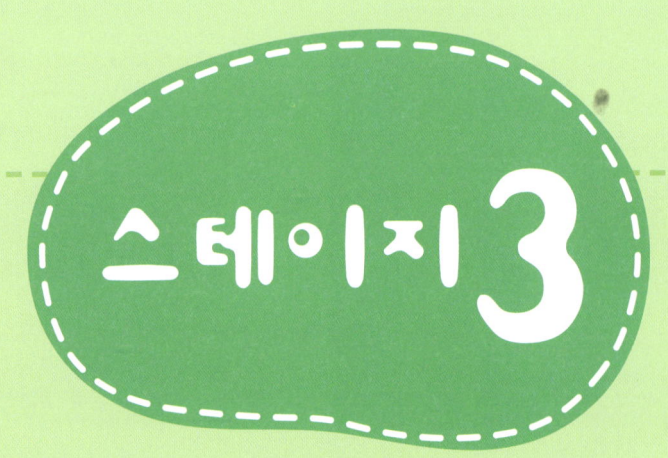

스테이지 3

멈추지 않는 바이킹
달에서의 낙하법칙

달은 공기 저항이 없어서 같은 높이에서 떨어뜨린 종이와 돌멩이가 같은 시간에 바닥에 도착한다.

스타팬과 세이문이 서둘러 책가방 모양의 산소통을 메고 루나카를 빠져나오려고 할 때, 마스월은 무엇 때문인지 쭈물거리고 있었다. 이를 알아챈 세이문이 마스월을 재촉했다.

"서둘러, 마스월! 다른 래빗몬들이 몰려올 거야. 어서!"

"산소통이 안 보여."

마스월은 주위를 두리번거리며 산소통을 찾았다.

"여기 있는 산소통을 메, 마스월!"

스타팬은 장난기 가득한 얼굴로 산소통을 마스월에게 건넸다.

"어라, 왜 이렇게 가볍지?"

마스월은 혼잣말을 하며 서둘러 세이문과 스타팬을 뒤따라 나갔다. 달 표면으로 나온 세 사람은 얼어붙은 래빗몬들 외에 다른 래빗몬은 없는지 주위를 살폈다.

"헉 헉…… 숨을 제대로 못 쉬겠어. 어떻게 된 거지?"

갑자기 마스월이 숨을 거칠게 몰아쉬었다. 세이문은 그런 마스월을 돌아보고 깜짝 놀라고 말았다.

"뭐야, 우리가 학교에 공부하러 가는 줄 아니! 웬 책가

방을 메고 오니. 빨리 가서 산소통 메고 와."

마스월은 산소통 대신 책가방을 메고 숨을 헐떡이고 있었다. 이 광경을 보고 스타팬이 킬킬거리며 웃었다. 스타팬이 잘난 척하던 마스월을 골려 주기 위해 장난을 쳤던 것이다.

"스타팬, 네 짓이지? 두고 봐……!"

마스월은 스타팬을 쏘아보며 씩씩댔다.

"스타팬, 이건 장난이라도 너무 위험했어. 사람은 산소를 이용해서 숨을 쉬잖아. 산소가 공급되지 않으면 금방 죽는단 말이야. 다시는 그런 위험한 장난 하지 마."

세이문도 따끔하게 스타팬을 나무랐다.

마스월은 다시 산소통으로 바꿔 메고 왔고, 세 사람은 길을 떠났다. 달 표면에는 수많은 발자국들이 있었다.

"세이문, 이 많은 발자국들이 다 래빗몬들의 발자국이란 말이야? 이렇게 많아? 내가 너무 쉽게 생각한 걸까?"

발자국 수를 세어 보며 스타팬은 괜히 나선 것이 아닐까 후회가 되었다.

"아냐. 달에는 바람이 불지 않아서 한 번 만들어진 발자국은 사라지지 않아. 그래서 수많은 발자국이 보이는 거야. 뒤를 돌아봐. 우리가 지나온 길에도 발자국이 없어지지 않고 그대로 있잖아. 그렇지만…… 솔직히 래빗몬들이 얼마나 많은지는 나도 모르겠어."

앞으로의 일을 예상할 수 없던 세이문은 마지막 말에서 말끝을 흐렸다.

"왜들 이래! 여기서 이대로 포기할 수 없어. 한번 부딪쳐 보자고! 여기가 래빗몬들이 많이 다니는 길인 거 같은데……. 아마 이 근처에 은신처가 있는 게 분명해. 무슨 좋은 수가 없을까?"

지금까지 심술만 부리던 마스월이 친구들을 격려하며 말했다.

"가만! 내게 좋은 생각이 떠올랐어. 세이문, 여기 달에는 바람이 불지 않고 공기저항이 적지?"

스타팬이 눈을 반짝이며 말했다.

"응. 바람은 공기가 움직이는 건데, 달에는 공기가 없으니까 바람이 전혀 없어. 그리고 공기가 없으니까 공기저항은 당연히 없는 거고."

세이문은 의아한 눈빛으로 스타팬을 쳐다보았다.

"좋았어. 마스월, 나 좀 도와줘. 우리 지구에는 중력을 이용한 놀이기구가 있어. 바이킹이라는 건데, 달에선 공기가 없으니까 영원히 멈추지 않는 바이킹을 만들 수 있을 거야."

스타팬은 갑자기 떠오른 아이디어를 놓칠세라 숨도 쉬지 않고 말을 쏟아 냈다.

스타팬은 스테이지 2에서 아이템으로 받은 마술봉으로 바이킹을 만들었다. 그리고 그곳에서 조금 떨어진 장소에

몸을 숨긴 뒤 래빗몬들이 오기만을 기다렸다.

하나둘 래빗몬들이 몰려들기 시작했다. 래빗몬들은 신기한 듯 바이킹을 만져보다가 곧 바이킹에 올라타기 시작했다. 래빗몬들이 가장 많이 탄 때를 놓치지 않고 스타팬이 소리쳤다.

"지금이야! 바이킹을 작동시켜, 마스윌!"

"OK!"

마스윌이 버튼을 누르자 바이킹이 빠르게 아래위로 흔들렸다. 당황한 래빗몬들은 우왕좌왕했고 몇몇 래빗몬들은 높이 올라가는 바이킹에서 뛰어내리기도 했다.

"스타팬, 내게 카드 총이 있어. 이걸로 래빗몬들을 혼내 주면 어때?"

마스윌은 호주머니에서 장난감 카드 총을 꺼내 보였다.

"근데 총알로 쏠 수 있는 카드가 많지 않잖아?"

세이문이 몇 장 안 되는 카드를 보고 말했다.

"걱정하지 마! 카드는 마술봉으로 만들면 돼. 그런데 얇은 카드로 저 쇳덩어리 래빗몬들을 당해 낼 수 있을까?"

스타팬은 마스윌의 생각이 가능할까 의심이 들었다.

"아휴 그렇게 설명해 줘도 모르겠니, 이 지구 촌놈아! 여긴 지구랑 달라서 카드를 아주 빠르게 발사하면, 공기 저항을 받지 않아서 아주 빠르게 날아갈 거야. 그리고 쟤들은 고철 로봇들이라 그렇게 빠르게 날아간 종이를 맞으면 큰 충격을 받아서 여기저기 우그러들고 말 거라고."

마스월은 고개를 절래절래 흔들며 총에 카드를 꽂았다.

 마스윌은 래빗몬들을 향해 카드 총을 쏘았다. 총알보다 빠르게 날아가는 카드를 보며 스타팬은 놀라움을 감추지 못했다. 그리고 카드를 맞은 래빗몬들은 바이킹 아래로 떨어지면서 비명을 질렀다.

 그때였다.

 "멈춰!"

 세이문이 소리쳤다.

 "왜 그래? 조금만 더 쏘면 다 떨어뜨릴 텐데."

신나게 카드 총을 쏘던 마스윌이 고함 소리에 놀라 총 쏘던 것을 멈추고 세이문을 보았다.

"쟤는 내가 키우던 래삐야! 난 잃어버린 줄 알았는데 여기서 이렇게 마주치다니……."

세이문의 시선이 고정된 저편에서 조그맣고 귀여운 래빗몬이 세이문을 향해 깡충깡충 뛰어오고 있었다.

"세이문 주인님, 세이문 주인님!"

세이문의 래빗몬 래삐가 소리쳤다.

극적으로 만난 세이문과 래삐는 얼싸안고 기쁨의 눈물을 흘렸다.

당신은 스테이지 3을 통과했습니다.
다음 아이템을 받을 수 있습니다.
☐ 초강력 자석

암스트롱과 채팅하기

암스 님{암스트롱}이 입장하셨습니다.
스타 님{스타팬}이 입장하셨습니다.

달에서의 낙하법칙

암스: 종이하고 돌멩이하고 같은 높이에서 떨어뜨리면 어느 게 먼저 땅에 떨어질까?

스타: 당근, 돌멩이죠.

암스: 그건 왜지?

스타: 공기저항 때문이죠. 종이는 공기저항을 많이 받아 천천히 떨어지지만, 돌멩이는 공기저항을 거의 받지 않아 빠르게 떨어지잖아요.

암스: 잘했어. 그러니까 달에 비가 온다면 큰일 나겠지?

스타: 왜요?

암스: 달에는 공기저항이 없어서 높은 곳에서 떨어지는 빗방울이 무지무지 빠르게 떨어지니까, 머리에 맞으면 아프잖아.

스타: 우와, 무섭다. 달에는 가지 말아야지. 아님 초강력 우산을 챙겨 가든가.

암스: 하지만 그걸 걱정할 필요는 없어. 달에는 공기나 수증기가 없으니까 비나 눈이 올 리가 없거든.

달의 바람

스타: 달에도 바람이 부나요?

암스: 바보! 바람은 공기들이 움직이는 거잖아. 그런데 달에는 공기가 없고.

스타: 앗참, 까먹었당!

암스: 잘도 까먹는다. 달에는 바람이 없어서 세찬 바람 때문에 바위가 깎이고 하는 일은 없어. 그리고 땅에 한 번 남긴 발자국은 영원히 안 없어지고.

스타: 우와! 빨리 가서 내 발자국 찍고 싶당!

> **문제 3-1**
> 달에 모래성을 쌓았다. 시간이 지나면 모래성은 어떻게 될까?

달의 구조

스타: 달을 이루는 성분은 지구와 똑같나요?

암스: 아니야. 달은 지구보다는 가벼운 암석들로 이루어져 있어. 그리고 지구에 비해 철이나 금속이 별로 없지.

스타: 앗참! 달의 내부에도 지구 속처럼 액체 상태의 핵이 있나요?

암스: 아니. 달은 고체 상태의 물질로만 이루어져 있어. 지구 속의 핵에는 철과 니켈이 녹아 있는 외핵이 있어서 이것이 회전하면서 자기장을 만들어 태양에서 오는 강한 방사선을 막아 주지만, 달은 자기장이 없으니까 방사선을 막아 줄 수 없어.

스타: 그럼 달에 착륙한 사람들은 어떻게 방사선을 막을 수 있죠?

암스: 그들이 입고 있는 특수한 우주복 때문이야. 그 우주복은 강한 방사선을 막는 기능이 있거든.

스타: 그렇군요.

 ## 서프라이즈 진실 혹은 거짓

1_ 달에서는 새들이 날 수 없다.

　　□ 진실　　　□ 거짓

2_ 달에서는 깃발이 펄럭이지 않는다.

　　□ 진실　　　□ 거짓

3_ 달에 처음 착륙한 아폴로 11호의 암스트롱은 깃털과 망치를 같은 높이에서 떨어뜨려 동시에 떨어진다는 것을 확인했다.

　　□ 진실　　　□ 거짓

 **알쏭달쏭 내생각**

달에서 야구 대회가 열렸다.

홈런 펜스까지의 거리는 지구에서와 마찬가지로 110미터로 결정했는데, 달팀과 지구팀 간의 야구 대결은 1회 초에만 홈런이 100개가 나와 도저히 경기를 진행할 수 없는 지경에 이르렀다.

왜 이런 일이 발생했을까? 여러분의 생각은?

아하! 알았다 정답

문제 3-1

시간이 많이 흘러도 그 모습 그대로 남아 있다. 달에는 바람이 없어서 모래성이 허물어지지 않기 때문이다.

진실 혹은 거짓

1_ 진실

새가 나는 원리는 날개로 공기를 밀어냈을 때 공기의 반작용이 새를 위로 올리는 힘을 주기 때문이다. 하지만 달에는 공기가 없으므로 만약 새들이 달에 있다면 모두가 바닥에서 기어 다니게 된다.

2_ 거짓

지구에서는 깃발이 바람에 의해 펄럭인다. 이와 같이 생각한다면 달에는 바람이 불지 않으므로 펄럭이지 않을 것처럼 보이지만, 사실은 그렇지 않다. 달에서 깃발을 손으로 밀어 한번 펄럭이게 하면 공기저항이 없어 영원히 펄럭이게 된다.

3_ 거짓
달에서는 공기저항이 없어서 깃털과 망치가 동시에 떨어진다. 하지만 이 실험을 한 것은 아폴로 11호가 아니라 아폴로 15호의 승무원들이었다.

알쏭달쏭 내 생각

달에서는 공기저항이 없어서 타자가 친 공이 지구에서보다 훨씬 멀리 날아간다. 그러므로 홈런이 많아진다. 또한 투수들이 커브볼과 같은 변화구를 던질 때에는 공기의 흐름을 이용하는데, 달에는 공기가 없어서 모든 공이 직구 하나뿐이라 타자들이 공을 쉽게 칠 수 있다. 이것 또한 홈런이 많이 나오는 이유가 된다.

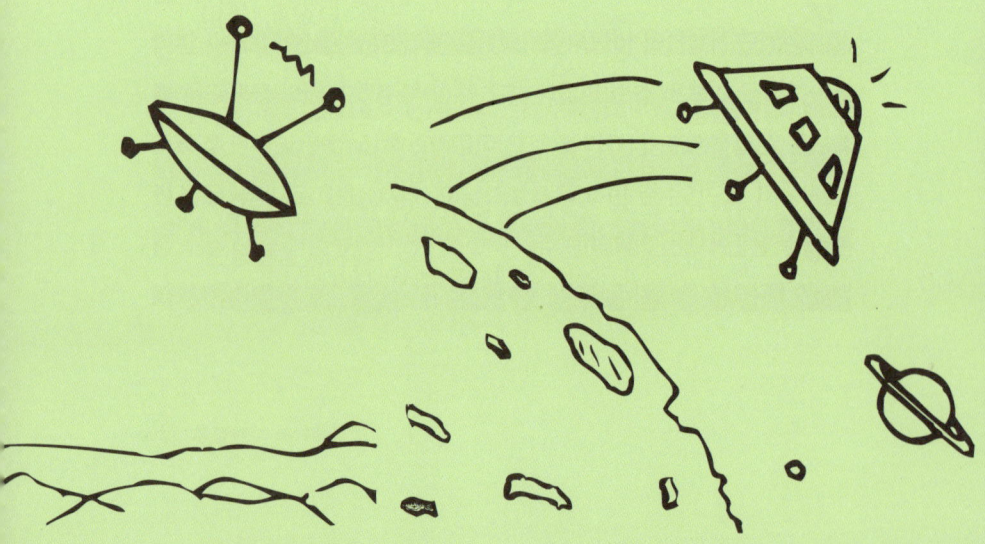

닥터 래빗의 최후
달의 크레이터

달은 대기가 없어서 소행성들과 충돌할 때 큰 충격을 받는다.
그 충격으로 달 표면에 생겨난 것이 **크레이터**다.

래삐를 만난 세이문에게 반가운 마음은 잠시뿐, 또다시 걱정이 몰려왔다.

"래삐, 어떻게 된 거야? 네가 왜 여기에 있는 거니?"

세이문은 걱정스런 얼굴로 래삐를 보았다.

"주인님, 저는 저번 가족들과의 나들이에서 그만 길을 잃어……"

래삐는 지친 목소리로 래빗몬 집단의 지난 일들을 모두 이야기했다. 그 내용은 이러했다.

래빗몬이 루나시티 사람들로부터 점점 더 많은 사랑을 받자, 거북이를 닮은 터틀몬을 만든 과학자가 래빗몬들을 시기하기 시작했다. 그는 래빗몬으로부터 착한 마음을 주는 칩, 일명 '착함 칩'을 빼면 포악한 성격과 나쁜 생각, 이기적인 마음을 가지게 된다는 사실을 알아내고, 닥터 래빗을 잡아 칩을 제거했다. 착함 칩이 사라진 닥터 래빗은 성질이 포악해져서 다른 래빗몬의 착함 칩도 제거하여 자신의 부하로 삼기에 이르렀다.

그리고 길을 잃고 헤매던 래삐는 닥터 래빗과 그 추종자들에게 잡힐 당시, 사람의 손을 타지 않은 지 오래되어서 이미 칩이 제거된 래빗몬으로 생각되어 착함 칩을 빼앗기지 않았다고 한다. 래삐는 닥터 래빗의 부하인 것처럼 행동하며 지냈지만 항상 집으로 돌아갈 생각뿐이었다고 말했다.

래삐의 말을 조용히 듣고 있던 세이문은 가엾은 생각이 들어서 한동안 말없이 래삐를 보듬어 주었다.

"이대로 닥터 래빗을 놔둘 순 없어! 이런 나쁜 짓을 하다니……. 돌아가면 터틀몬을 만든 과학자도 가만두지 않을 테야!"

세이문은 분노에 차서 말했다.

세 사람과 래삐는 한 마음이 되어 래삐가 알려 준 닥터 래빗의 요새로 향했다. 요새에 거의 다다랐을 때쯤 땅에서 '퉁, 퉁, 퉁' 하는 묵직한 진동이 느껴졌다.

"이게 뭐지?"

세 사람은 동시에 뒤를 돌아보았다. 수많은 고무 절구통들이 절굿공이를 찧으며 세 사람과 래삐를 향해 다가오고 있었다.

"앗, 저건! 닥터 래빗이 우리가 쳐들어올 것을 미리 알

고 선수 치나 봐!"

마스월이 소스라치게 놀라며 소리쳤다.

"래빗몬들의 공격이 시작된 것 같아. 어서 도망치자. ……이런, 피할 곳이 없어! 우리들 힘으론 안 될 것 같아!"

스타팬도 상황이 다급해지자 어찌할 바를 몰라 허둥댔다.

저 멀리 요새의 문이 열리자 수많은 래빗몬들이 고무 떡메를 들고 달려왔다. 상황은 갈수록 스타팬 쪽에 불리해져 갔다.

"쟤들은 또 뭐야……!"

마스윌은 얼굴이 새파랗게 질려 버렸다.

래빗몬들은 고무 절구통을 앞세워, 마치 두더지 잡기라도 하려는 듯 사정없이 고무 떡메로 세 사람을 공격해 들어왔다.

"카~아앙, 아악!"

세 사람과 래삐는 손 한번 써보지 못하고 걸음아 나 살려라 도망쳤다.

"얘들아! 루나카로 뛰어가!"

세이문이 소리쳤다.

"아니, 거긴 왜? 꽁꽁 얼어서 움직이지도 않잖아!"

스타팬이 숨을 헐떡거리며 말했다.

"아이 참! 지금은 낮이잖아. 달은 낮과 밤의 기온 차이가 크단 말이야. 낮에는 물이 끓을 정도로 뜨겁다고. 그러니까 얼음은 이미 다 녹았을 거야."

세 사람과 래삐는 루나카가 있는 곳으로 허겁지겁 도망쳤다. 세이문의 말대로 루나카를 에워싸고 있던 얼음은 거짓말처럼 녹아 있었다.

세 사람과 래삐는 간신히 래빗몬들을 따돌리고 루나카로 들어왔다.

"래빗몬들이 너무 많아. 우리 힘으론 무리겠어."

루나카 안으로 들어온 마스월이 어깨를 축 늘어뜨리고 말했다.

"다른 좋은 방법이 없을까?"

스타팬은 고민했다.

"저…… 있잖아요……."

스타팬, 세이문, 마스윌이 고민에 빠져 침묵하고 있을 때 래삐가 뜸을 들이며 입을 열었다.

"래삐, 괜찮아. 아무 얘기나 한번 해봐."

세이문이 머뭇거리는 래삐를 감쌌다.

"저……, 우리 래빗몬들에게는 약점이 하나 있어요."

래삐가 기어들어가는 목소리로 말했다. 래삐는 말을 하면서도 이야기를 해야 하나 갈등하는 모습이었다.

"그게 뭐지? 왜 지금 말하는 거야!"

마스윌이 그런 래삐를 몰아붙였다.

"그러니까…… 래빗몬들은 어떤 진동수의 전자파를 받으면 그 전자파가 오는 쪽으로 무조건 이끌려가게 되어 있어요. 마치 벌이 달콤한 꽃을 찾아가거나 개미가 페로몬 냄새를 쫓아가듯이 말이에요……."

"어떤 전자파야?"

세이문이 물었다.

"보랏빛보다 에너지가 커서 눈에 보이지 않는 전자파라고 들었어요."

래삐는 고개를 떨어뜨리고 말했다.

"그렇다면 자외선이 틀림없어. 자외선은 보랏빛보다 에너지가 크거든."

세이문은 확신을 하며 두 눈을 반짝였다.

"가만, 그럼 모든 래빗몬들을 한곳으로 유인해 한방에 보내 버리면 되겠네. 친구들을 잃는 래삐한테는 안된 일이지만……, 우리에겐 그 방법밖에 없어."

스타팬은 측은한 눈길로 래삐를 보며 위로하듯 래삐 머리를 쓰다듬었다.

"애들아! 여길 봐!"

그때 인공위성 추적장치의 모니터를 확인하던 마스월이 아이들을 다급하게 불렀다. 마스월이 가리킨 화면에서는 조그만 점 하나가 무서운 속력으로 '고요의 바다'라고 불리는 달의 한 지점을 향해 다가가고 있었다.

"저 점이 뭘까?"

마스월이 물었다.

"소행성이야."

스타팬이 점을 응시하며 조용히 대답했다.

"그래, 바로 그거야!"

세 사람은 동시에 소리쳤다. 스타팬, 세이문, 마스윌은 서로의 눈을 쳐다보며 미소를 교환했다. 세 사람은 서둘러 루나카의 자외선 발생장치를 점검했다.

"가만……, 그럼 래삐도 자외선에 이끌려가 죽게 되잖아……?"

장치 점검을 하느라 분주하게 움직이던 세이문이 갑자

기 멈춰 서서 래삐를 바라보며 말했다. 세이문의 얼굴은 슬픔으로 일순간 일그러졌다.

"여기 두고 가자! 우리가 소행성이 떨어지는 곳에 루나카를 타고 가 잽싸게 빠져나오면 되니까."

마스윌이 말했다.

"안 돼. 래삐도 래빗몬이야. 이곳에 두고 간다 해도 루나카에서 발생되는 자외선에 이끌려 고요의 바다 쪽으로 올 게 뻔해."

스타팬은 이렇게 말하고 좀더 확실한 방법이 없을까 고민했다. 그러다가 아이템을 이용한 기발한 방법을 생각해 냈다.

"좋은 생각이 있어. 래삐는 고철이니까 자석에 붙여 놓으면 움직이지 못할 거야."

세 사람은 서둘러 루나카 내부에 있던 초강력 자석을 밖으로 꺼내 그곳에 래삐를 단단히 붙여 두었다.

장치 점검 등 모든 준비가 끝나자, 세 사람은 래삐를 남겨 두고 루나카를 타고 조심스럽게 고요의 바다 한가운데로 갔다. 중심에 도착한 것을 확인하고 스타팬은 루나카의 자외선 발생장치를 작동시켰다.

 잠시 후, 래빗몬의 모습이 하나둘 보이기 시작했다. 세 사람은 더 많은 래빗몬들이 몰려오기 전에 서둘러 루나카를 빠져 나왔다. 안전한 위치에 다다른 세 사람은 멀리서 루나카를 지켜보았다.

 시간이 흐르자 닥터 래빗을 포함한 수많은 래빗몬들이 몰려들어 사방으로 루나카를 에워쌌다. 눈에 초점을 잃은 래빗몬들은 차 지붕에 올라가는 것은 물론, 더 이상 나아갈 틈이 없자 벽을 만난 자동차 장난감처럼 중심을 향해 제자리걸음을 했다.

 저 멀리 하늘에서 소행성이 모습을 나타냈다. 소행성은 무서운 속도로 고요의 바다 중심을 향해 떨어졌다. 그런 와중에도 자석에 이끌리듯 래빗몬들은 점점 더 많이 몰려들었다.

 드디어 '쾅!' 하는 거대한 폭발음을 내며 소행성은 고요의 바다 중심에 떨어졌다. 몰려든 래빗몬들이 루나카와 함께 산산조각이 나는 순간이었다.

 래삐와 함께 무사히 루나시티로 돌아온 스타팬과 세이

문, 마스월은 세이문 아빠에게 이 모든 사실을 말해, 래빗몬을 문젯거리로 만든 박사를 즉시 체포했다. 래빗몬 문제가 마무리되자 루나시티에는 다시 평화가 찾아왔다. 착한 래빗몬 래삐는 터틀몬들과 사이좋게 지냈고, 스타팬, 세이문, 마스월은 루나시티의 영웅이 되어 용감한 시민상을 받았다.

LOOK!

축하합니다.
당신은 모든 스테이지를 통과했습니다.

 # 암스트롱과 채팅하기

암스 님{암스트롱}이 입장하셨습니다.
스타 님{스타팬}이 입장하셨습니다.

달의 탄생

암스: 자, 이제 달에 대해 알아볼까? 뭐든지 물어 봐.

스타: (대단한 자신감!) 달은 언제 어떻게 태어났어요?

암스: 네 가지 설이 있어.

스타: 우와! 많기도 하다. 어떤 어떤 거죠?

암스: 급하긴……. 첫 번째 설은 분리설인데, 처음 지구가 만들어져서 굳기 전에 지구의 일부가 떨어져 나가 달이 되었다는 얘기야.

스타: 지구의 어디가 떨어져 나갔는데요?

암스: 태평양 부분의 땅이 떨어져 나가 달이 되고, 그

부분에 물이 고여 태평양이 되었다고 해.

스타: 믿을 만한 얘긴가요?

암스: 글쎄. 분리설은 진화론을 발견한 찰스 다윈의 아들 로지 다윈이 주장했는데, 믿음이 잘 안 가는 이론이야.

스타: 그건 왜죠?

암스: 분리설대로라면 초기 지구가 지금보다 16배 빠르게 자전해야 해. 즉, 하루가 1.5시간이 되어야 하지. 하지만 초기 지구의 하루는 그보다 세 배 이상 긴 5시간이었거든. 그래서 분리설은 달의 기원으로 별로 인정을 못 받고 있어.

스타: 자! 그럼 그 다음은 뭐죠?

암스: 두 번째 설은 포획설이야.

스타: 포획설요?

암스: 달이 처음에는 우주를 떠돌아다니던 소행성이었는데, 지구 주위로 오다가 지구의 중력에 붙잡혀 달이 되었다는 설이지.

스타: 이건 믿을 만한가요?

암스: 아니. 아폴로 승무원들이 달에서 암석을 가지고 왔는데, 달의 암석과 지구의 암석이 비슷했어. 그러니까 이 주장도 좀 문제가 있어.

스타: 자꾸 틀린 이야기들만 해 주시는군요!

암스: 공부라고 생각해.

스타: …… 다음은 뭐죠?

암스: 형제설이야.

스타: 달과 지구가 형제?

암스: 맞아. 지구가 만들어질 때, 그러니까 지금으로부터 45억 년 전에 지구와 달이 동시에 만들어졌는데, 지구가 크니까 달이 지구 주위를 도는

위성이 되었다는 주장이지.

스타: 또 다른 건요?

암스: 이게 제일 유력한 설인데…….

스타: 뭐죠? (눈 반짝반짝!)

암스: 거대 충돌설.

스타: 달과 지구의 충돌?

암스: 그게 아니라 초기에 지구가 화성만 한 소행성과 충돌을 해서 파편이 생겼는데, 그 파편들이 뭉쳐져 달이 되었다는 설이지.

스타: 그럴싸하군요.

암스: 그런 편이지.

달에 크레이터가 많은 이유

스타: 달에는 왜 고운 모래들이 많지요?

암스: 소행성과의 충돌 때문이야.

스타: 그게 무슨 말인지……?

암스: 달에는 공기가 없어서 소행성들이 오면 꼼짝없이 충돌당해야 해. 지구는 공기층이 있어서 조그만 소행성들은 공기와 충돌하면서 모두 타 버리거든. 그게 바로 별똥별이지.

스타: 그런데 달에서는 하나도 타지 않고 커다란 소행성이 있는 힘껏 달 표면과 부딪치겠군요.

암스: 바로 그거야. 그게 바로 거대한 운석 구덩이인 크레이터를 만들지. 그래서 달이 곰보가 된 거야.

스타: 아유, 불쌍해라……. 그럼 모래는요?

암스: 그런 식으로 자주 충돌하는데 바위인들 남아 나겠니? 모두 부서질 대로 부서져 고운 모래가 돼 버리는 거지.

스타: 그래도 달에는 바람이 안 불어서 모래 폭풍이나 황사바람이 생길 위험은 없겠네요.

암스: ……. (대단한 걸…….)

좀더 알기 〉〉〉

달 표면의 대부분은 심하게 구덩이가 패여 있고, 회장암이라고 부르는 밝은 암석으로 이루어져 있다. 이러한 지역을 달의 고원 지역이라고 부른다. 또한 구덩이의 수가 고원 지역보다 현저하게 적은 지역을 바다라고 부르는데, 바다는 지구에서 보았을 때 달의 앞면에 많이 분포한다.

 ## 서프라이즈 진실 혹은 거짓

1_ 달에 처음 착륙한 로켓은 러시아의 루나 2호다.

　　　☐ 진실　　　☐ 거짓

2_ 수성의 표면은 달과 비슷하다.

　　　☐ 진실　　　☐ 거짓

3_ 달의 그늘은 일 년 내내 춥다.

　　　☐ 진실　　　☐ 거짓

 **알쏭달쏭** 내생각

　나북극 씨는 달의 북극을 조사하는 임무를 띠고 달로 향했다.

　그는 지구 북극을 조사할 때 나침반을 이용하여 북극을 찾았던 것을 경험 삼아, 달의 북극도 나침반을 이용하여 찾을 계획을 세웠다. 그리하여 그는 동네 문방구에서 큰 나침반을 구입하여 달로 떠났는데, 달에서 나침반이 먹통이 되었다. 결국 나북극 씨는 달의 북극을 찾지 못하고 돌아왔다.

　나북극 씨는 조사 실패의 책임이 고장 난 나침반을 판 문방구 주인에게 있다며 따졌는데, 과연 누구의 잘못일까? 여러분의 생각은?

　　　　☐ 나북극 씨　　☐ 문방구 주인

아하! 알았다 정답

진실 혹은 거짓

1_ 진실

물론 달에 사람이 처음 도착한 것은 1969년 7월 20일 미국의 아폴로 11호 때다. 하지만 이보다 10년 전 1959년 9월 13일에 러시아는 사람을 태우지 않은 로켓 루나 2호를 달에 착륙시키는 데 성공했다.

2_ 진실

수성도 대기가 없어서 소행성들과의 충돌로 생긴 크레이터들이 많은 곰보 투성이다. 그러므로 달의 표면과 비슷하다.

3_ 진실

달에는 공기나 물이 없어서 대류가 안 일어난다. 그러므로 뜨거운 곳의 열기가 차가운 그늘로 전달되지 않으므로 태양 빛을 받지 못하는 지역은 일 년 내내 영하의 온도다.

알쏭달쏭 내 생각

답은 나북극 씨다.

지구에서 나침반이 북극·남극을 찾아주는 것은 지구 속의 외핵이 액체 상태의 철과 니켈로 되어 있어서 이들이 회전하면서 자기장을 만들기 때문이다.

하지만 달의 내부는 온통 고체로 되어 있어서 자기장이 만들어지지 않는다. 그러므로 달에서 나침반은 전혀 쓸모가 없다.

GO! GO! 과학특공대 08

몸무게가 줄어드는 달

지은이 • 정 완 상
펴낸이 • 조 승 식
펴낸곳 • 도서출판 이치 사이언스
등록 • 제9 – 128호
주소 • 01043 서울시 강북구 한천로 153길 17
홈페이지 • www.bookshill.com
전자우편 • bookshill@bookshill.com
전화 • 02 – 994 – 0107
팩스 • 02 – 994 – 0073

2007년 12월 10일 제1판 1쇄 발행
2014년 8월 5일 제1판 7쇄 발행
2022년 4월 15일 제2판 5쇄 발행

가격 6,500원

ISBN 978–89–98007–32–4
      978–89–91215–70–2(세트)

• 잘못된 책은 구입하신 서점에서 바꿔 드립니다.

GO! GO! 과학특공대 시리즈

1. 가장 위대한 발명 **수**
2. 끼리끼리 통하는 **암호**
3. 구석구석 미치는 **힘**
4. 찌릿찌릿 통하는 **전기**
5. 온도와 상태를 변화시키는 **열**
6. 세상의 기본 알갱이 **원자**
7. 수·금·지·화·목·토·천·해 **태양계**
8. 몸무게가 줄어드는 **달**
9. 끝없는 초원에서 만난 **아프리카 동물**
10. 숨 쉬고 운동하는 **식물의 생활**
11. 달려라 달려 **속력**
12. 흔들흔들 **파동**
13. 세어볼까? **경우의 수**
14. 울려라 울려 **악기과학**
15. 초록 행성 **지구**
16. 보글보글 **기체**
17. 조각조각 **분수**
18. 반사하고 굴절하는 **빛**
19. 무게가 없는 **무중력**
20. 나눌까 곱할까? **약수와 배수**
21. 꾹꾹 눌러 **압력**
22. 뛰어 보자 **수뛰기**
23. 둥둥 뜨게 하는 **부력**
24. 외계에서 온 **UFO**
25. 쉽고 빠른 셈셈 **셈**
26. 우리의 가장 오랜 친구 **곤충**
27. 밀고 당기는 **자석**
28. 신기하고 놀라운 **삼각형**
29. 맞혀 볼까? **확률**
30. 한눈에 쏙쏙 **통계**

다음 책들이 곧 여러분을 만날 준비를 하고 있습니다. 많이 기대해 주세요.

- 사각형
- 비율
- 도형
- 놀이동산
- 도구
- 액체
- 화학반응
- 용액
- 숲속의 벌레
- 우리 주위의 동물
- 세계 곳곳의 동물
- 새
- 여러 종류의 동물
- 소화
- 인체
- 지구 변화
- 날씨
- 지질시대
- 바다